Juin 2012
Cadeau de Mamie à Luca
pour la fin de l'année scolaire

Classe verte pour Achille

Pour papa et maman – C. W.
Pour Toby « Toto » Ridgeway – T. W.

Dans la même collection :
Dure rentrée pour Achille !

Première édition : © 2011 Oxford University Press, Royaume-Uni,
sous le titre *Bravo, Boris!*.
© 2011 Carrie Weston pour le texte.
© 2011 Tim Warnes pour les illustrations.

Pour l'édition française : © 2011 éditions Milan – 300, rue Léon-Joulin,
31101 Toulouse Cedex 9, France.

Dépôt légal : 2e trimestre 2011.

ISBN : 978-2-7459-4778-9.

Imprimé en Chine.

Carrie Weston • Tim Warnes

Classe verte
pour Achille

Adaptation de Mim

MILAN
jeunesse

Aujourd'hui mademoiselle Edwige
a prévu d'emmener sa classe camper.
L'excitation est à son comble!
L'heure du départ a enfin sonné.
Les élèves poussent de petits
cris de joie.

Mathilde la lapine emporte son filet
à papillons.

Maxime la taupe se cramponne
à Nounours.

Les trois frères souris ont pensé
à prendre leurs petits paniers.

Herbert le renard est nommé responsable du plan.

Mathilde

Maxime

Quant à Achille,
c'est à lui que
revient la lourde
tâche de...

... porter tout le reste!
Car Achille est un énorme grizzly,
un peu effrayant et très poilu...
Mais il est surtout fort sympathique
et toujours prêt à aider!

— Bravo!

glousse mademoiselle Edwige
en regardant Achille hisser
le gros sac sur ses épaules.
Heureusement que tu es là !

Pff !

Les
mini-
animaux

Et voilà la petite troupe
en route vers la forêt.

Chouette !

Mathilde chasse
les papillons.

Herbert reste
perplexe devant
le plan...

... tandis que
Maxime a coincé
Nounours dans
un arbre...

... et que les frères souris
peinent à soulever
leurs paniers.

Mais Achille a une solution à tous les problèmes.

La pauvre mademoiselle Edwige siffle le rassemblement.
— Ça ne va pas du tout! se fâche-t-elle. Nous devons rester groupés!

Mais on est épuisés!

C'est alors qu'Achille a une excellente idée...

Quelle astuce!
Il a trouvé de la place
dans son sac pour tout
porter...
Même les frères souris!

— Bravo, Achille! applaudissent ses amis.

La petite troupe se remet en marche
et s'arrête bientôt sur un joli pont.

Achille et Mathilde
s'amusent à lancer
des bâtonnets
dans l'eau.

Allez,
Achille!

Plus loin,
Mathilde!

Tout le monde
se précipite de l'autre
côté pour voir lequel
va gagner la course...

Achille en oublie
son chargement.
Et soudain...

Plouf!
Nounours
est à l'eau!

!

Heureusement,
les frères souris ont
réussi à s'agripper.

Mais un long sanglot s'élève alors...
— Oh, Achille!
pleure Maxime.

Le pauvre Achille est catastrophé... Quel maladroit!

Mademoiselle Edwige se penche prudemment avec le filet à papillons de Mathilde pour attraper Nounours. En vain.

Emporté par le courant, Nounours s'éloigne lentement.

Achille décide que c'est le moment d'être courageux et se jette à l'eau sans hésiter.

Splatch!

Il en a
jusqu'en haut
des genoux !

Dépêche-toi,
Achille !

Mais le brave grizzly sauve Nounours des eaux.
Maintenant il y a deux ours trempés !

Nounours !

Maxime serre Achille
et Nounours
dans ses bras.

—Achille est **le plus courageux** de tous les ours! s'exclame Maxime.

Bravo, Achille!

—Bravo, Achille! renchérit mademoiselle Edwige. Allez, dépêchons-nous d'installer le camp avant le prochain désastre...

Tous les élèves se rassemblent pour écouter mademoiselle Edwige expliquer comment on monte un tipi. Cela n'a pas l'air très compliqué.

Mathilde et Maxime ramassent de longs bâtons.

Les frères souris rongent la corde avec leurs dents.

Cronch!

Cronch!

Achille et Herbert déplient la toile.

Il ne reste plus qu'à tout assembler.

Et c'est là que les choses se compliquent. Sérieusement même...

Mais, une fois le tipi monté, le meilleur moment de la journée peut commencer. Mademoiselle Edwige sort des craies pour le décorer...

Bienvenue!

Quelle réussite!
Achille a installé Nounours au sommet pour qu'il sèche plus vite.

Il reste même du temps
pour cueillir des baies
sauvages pour le dîner.
Mademoiselle Edwige
indique aux élèves celles
qui sont comestibles.

Sur le chemin du retour,
Achille porte le panier,
tandis que ses camarades
gambadent joyeusement
vers le campement.

Mais une bien
mauvaise surprise
les y attend...

Quelqu'un a barbouillé la toile!
A saccagé le campement!
A ravagé le tipi!
Surtout, quelqu'un va avoir de gros ennuis...

Bienven

Non,
non,
non!

... car mademoiselle Edwige est hors d'elle!
Elle marche à grands pas vers le tipi,
plonge sous la toile et ressort...

... avec deux vilains louveteaux,
qui se débattent tant qu'ils peuvent!

—Vos parents savent que vous vous promenez seuls dans les bois?
demande mademoiselle Edwige d'une voix sévère.

— On s'en fiche! répond un
des louveteaux en criant.
Notre père, c'est le grand
méchant loup!

Grrrrrr!

— Et c'est lui le plus fort! ajoute l'autre, encore plus impoli.
Il adorerait manger une grosse poule pour son...

— Dîner!
annonce Achille
dans un grand sourire,
la bouche pleine
de mûres.

Au
secours!
Un
grizzly!

À
l'aide,
il est
affamé!

Pff!
C'est Achille...

Aaaaaaaah!

Les louveteaux se sauvent à toutes jambes, la queue basse. Achille est bien embarrassé.

— Oh, Achille, tu es vraiment courageux! le félicite mademoiselle Edwige. Allez, réparons notre tipi!

Bravo, Achille la terreur!

Hip hip hip, hourra!

Le soir, Achille et ses amis font griller
des brochettes de guimauves au feu de bois,
jusqu'à la tombée de la nuit.

Puis mademoiselle
Edwige sort sa guitare,
et tout le monde chante
en chœur.

Tralala
lala !

Miam miam!

Mais soudain Achille sent ses paupières devenir lourdes. C'est tout de même épuisant d'être un gros ours courageux!
— Je crois que je vais aller me coucher, dit-il en bâillant.

Fais de beaux rêves!

Bonne nuit, Achille!

Dors bien!

Achille se glisse sous la tente et s'endort rapidement.

Quelques instants plus
tard, Herbert, Mathilde,
Maxime et Nounours,
les frères souris et
mademoiselle Edwige
le rejoignent.

Il ne reste pas beaucoup de place,
mais personne ne s'en plaint.
Chacun se trouve un petit coin bien confortable
pour passer la nuit...

Même mademoiselle Edwige!
— Bravo, Achille, soupire-t-elle
en fermant les yeux.